MW00830950

NEW EXERCISES

FRANCK ANDRÉ JAMME

NEW EXERCISES

TRANSLATED BY

CHARLES BORKHUIS

WAVE BOOKS

SEATTLE / NEW YORK

PUBLISHED BY WAVE BOOKS

WWW.WAVEPOETRY.COM

ORIGINAL FRENCH EDITION, *NOUVEAUX EXERCICES*,

PUBLISHED BY EDITIONS VIRGILE (DIJON, 2002)

WAVE BOOKS TITLES ARE DISTRIBUTED TO THE TRADE

BY CONSORTIUM BOOK SALES AND DISTRIBUTION

PHONE: 800-283-3572 / SAN 631-760X

LIBRARY OF CONGRESS

CATALOGING-IN-PUBLICATION DATA

JAMME, FRANCK ANDRÉ.

[NOUVEAUX EXERCICES. ENGLISH]

NEW EXERCISES / FRANCK ANDRÉ JAMME.

P. CM.

ISBN 978-1-933517-36-0 (PBK. : ALK. PAPER)

I. TITLE.

PQ2670.A47314N6813 2008

848'.91407—DC22

2008028310

DESIGNED AND COMPOSED BY QUEMADURA

PRINTED IN THE UNITED STATES OF AMERICA

9 8 7 6 5 4 3 2 1

FIRST EDITION

TABLETS LIKE THESE USED TO BE FOUND ON SMALL GOLD
LEAVES IN ANCIENT ROMAN GRAVES. THESE LEAVES WERE
TYPICALLY FOLDED INSIDE THE CLOSED HANDS OR
MOUTHS OF THE DEAD. THEY COULD BE READ AS MAXIMS,
WISHES, RECOMMENDATIONS, OR FAVORITE SENTENCES
PROBABLY MEANT TO SEAL THE CROSSING OVER TO THE
OTHER SIDE, THAT TOTALLY UNKNOWN COUNTRY WHOSE
EXISTENCE ITSELF IS SO UNCERTAIN—THE COUNTRY OF
"THE MOST NUMEROUS," AS THE ROMANS CALLED IT.

IN THE FOLLOWING PAGES, THERE IS NO MESSAGE
FOR OR TOWARDS THE BEYOND; INSTEAD, JUST A PET
HOBBY THAT MATERIALIZED WITHOUT WARNING THEN
DEVELOPED, LIKE A FIRE, UNTIL IT BECAME A BOOK. A
GAME PLAYED WITH THOUGHTS THAT ARE NEITHER
FUNNY NOR PLAYFUL; A "GAME" IN THAT IT WAS AMUS-
ING TO WATCH AS THESE THOUGHTS DREW STELES, AND
AMUSING AGAIN TO SPEND TIME, DAYS LATER, TRYING
TO DECIPHER THEM. TO DISTRACT MYSELF FOR ONCE
WITH LETTERS AND WORDS, AND TO ABANDON, FOR A

V

TIME, THE CUSTOMARY, LINEAR WAY OF READING. TO OBSCURE IT IN ORDER TO SUDDENLY RENDER ATTENTION NECESSARY; NOT ONLY ATTENTION, BUT EVEN A KIND OF EFFORT.

NO FASCINATION HERE EITHER FOR ANY FORMAL PERFECTION. IN THE TRADITION I DRAW FROM, ANY TABLET MAY BE CONSIDERED "PERFECT" AS SOON AS IT HAS AS MANY SIGNS IN ITS LAST LINE AS IN EACH PREVIOUS LINE. MY TABLETS, AS YOU'LL SEE, ARE RARELY SO LUCKY; THEY USUALLY JUST END WHEN THEY CAN, WHERE THEY FALL: AN ARRANGEMENT—OF SIGNS, OF LINES—THAT HAS NEVER SUBSUMED THEIR MEANING.

BUT THE FACT IS THAT THIS EXERCISE DIDN'T REALLY GO ON FOR LONG; ONLY, SHALL WE SAY, FOR A SHORT YEAR. IT DISSOLVED IN A BIT MORE TIME THAN IT TOOK TO ESTABLISH ITSELF. ALTHOUGH IT WAS THE END OF OUR RELATIONSHIP, IT HAD CERTAINLY ENJOYED US. NOW ALL WE CAN DO IS SALUTE IT; WE OWE IT, AFTER ALL, A SORT OF RESPITE, AND JUST LET IT GO.

VI

WHAT FOLLOWS IS ONLY A HANDFUL OF THESE EXER-
CISES. INTERNAL. VOLUNTARILY EXPOUNDED, FROM THE
FIRST TO LAST LINE, IN THE INFINITIVE, IN THE PUR-
SUIT—PERHAPS—OF LOSING TWO LETTERS EACH TIME,
I MEAN: IN THE INFINITE.

NOT TOO FAST

TOBEWARE

OFWORDSW

ITHOUTHA

N D S

TO FORGET

EVERYTHI

NGASSTRA

NGEASDAT

ESANDPLA

CES

TOWAGER

THATNOT

HINGWIL

LEVERCH

ANGEBUT

SOMEINS

URRECTI

ONWITHI

NYOU

T O U N D E R S T A N D

T H A T N I G H T A L S

O D W E L L S O N T H E

W R I S T N E A R T H E

P U L S E

TO OBSERVE
THE EXTREM
E TRANSPAR
ENCY OF MIN
IATURE SOU
LS IN THEIR
NESTS OR IN
THEIR CRIB
S

T O B U I L D

Q U I C K L Y

E A C H M O R

N I N G A K I

N D O F H U T

I N Y O U R C

A G E O F B O

N E S F O R W

H A T W I L L

F O L L O W

T O S E N S E

T H E A R R I

V A L O F T H

E C R E E P E

R O F D R E A

M S T H R O U

G H I T S P E

A R L Y H I S

S

```
T O A V O I D
B R E A K I N
G Y O U R O W
N L E G S O N
L Y T O E N D
U P W A N D E
  R I N G
```

T O T R Y

T O F I N

D T H E S

O L U T I

O N W I T

H P R E C

I S E L Y

N O T H I

N G

TO APPROACH
WITHONLYTI
MEONYOURHA
NDS

T O P R E F E R

F L E X I B I L

I T Y O R M I S

C H I E V O U S

N E S S T O A N

Y S O R T O F R

E F I N E M E N

T

T O D I G
I N O N E
' S C O R
N E R W I
T H O N L
Y O N E E
Y E W H I
L E T H E
O T H E R
L A U G H
S A T I T

```
T O I M A G I N E
V E R Y I N T E N
S E A N D V E R Y
A T T E N T I V E
W A L K S B E T W
E E N C L O U D S
```

T O N O T I C E

T H A T C H E A

T E R S O F T E

N B E A R A N I

N V I S I B L E

G R E E N C O C

K S C O M B O N

T H E I R B A C

K

T O R E F R A I N

F R O M M E D I T

A T I N G T O O L

O N G O N I M A G

E S B R A N D I S

H E D U P S I D E

D O W N

TOBELIEVE
INMEN'SAC
TSWHENTHE
YEXHAUSTT
HECHAOSOF
THEWORLD

TOREMEMBER
THATALLMON
STERSLOOKT
HESAME

TOTHINK
THATTHE
INFINIT
EALWAYS
MAKESUS
MOREPAS
SIONATE

18

```
TO IMAGINE
A PRECIOUS
STONE THAT
HAD FALLEN
INTO SOME M
ILK UN CONC
   ERNED
```

T O B E

T H E R

E P R E

S E N T

T I R E

L E S S

F O R E

V E R O

N L E A

V E F R

O M M E

N ' S M

A D N E

S S

```
T O D R E A M
O F M O V I N
G F O R W A R
D O N T H E W
I R E W I T H
O U T K N O W
I N G H O W O
    R W H Y
```

T O N O T I C E
T H E R E I S O
F T E N O N L Y
O N E D O O R

T O S P E A K

A S I F S P E

E C H W E R E

O N L Y A P H

O S P H O R E

S C E N T T E

A R R O L L I

N G O N A L M

O S T E V E R

Y T H I N G

T O T H I N K

T H A T T H E

R E A R E A L

W A Y S A T L

E A S T T H R

E E K I N D S

O F S K I E S

B I R D C L O

U D A N D W I

N D

```
T O K N O W
T H E E N E
M Y ' S S T
Y L E B U T
F O R H I S
  L I E S
```

TOUNDERSTAND
THATENERGYAN
DENIGMAAREMO
NSTROUSLYINS
ATIABLE

```
T O T H R O W
T H E D I C E
E V E N B E F
O R E T H E U
L T I M A T E
Q U E S T I O
        N
```

TOSTOP
WONDER
INGWHA
TAWAIT
SUS

T O W A T C H

O U T F O R H

O U R S C O V

E R E D W I T

H M U D W O U

N D E D O R W

I T H A D E A

D S T A R E

T O B E T

T H A T W

E A R E C

E R T A I

N L Y J U

S T S H I

M M E R I

N G N I G

H T S H A

V I N G S

```
T O B E
A B L E
T O A L
S O D I
S O B E
Y A N Y
T H O U
  G H T
```

T O A V O I D
C A N D L E S
L O A D E D W
I T H T O O M
U C H H O P E

T O E N D

S O M E T

I M E S B

Y T A K I

N G A P L

A N E T F

R O M Y O

U R P O C

K E T S H

O W I N G

I T A N D

E V E N M

A K I N G

I T S P I

N

T O T E L L

T H E O T H

E R T H E T

R U T H O N

L Y F O R H

I M T O K I

L L Y O U

TO ADMIT

THATDEA

THNEVER

REALLYS

ETTLESA

NYTHING

BUTSUFF

ERING

```
T O C U T
O F F R E
G U L A R
L Y O N E
'  S O W N
H E A D
```

T O P U S H

A S I D E T

H E S C O U

N D R E L S

W H O L I E

T O T H E I

R C H I L D

R E N

T O S T O P

T A K I N G

S I L E N C

E A S A C O

N F E S S I

O N

T O B E

A B L E

T O I N

S T A N

T L Y C

A L L A

N Y G A

T H E R

I N G O

F T H I

N G S W

H I C H

S H I N

E A N D

D A N C

E

T O R E C K O N
W I T H M I S F
O R T U N E S L
O V E C R U E L
T Y A N D L U C
K

```
T O P R O C E E D
E A C H T I M E W
I T H A T L E A S
T T H E T H O U G
H T O F T H E E C
      H O
```

T O S E A R C H
I N T H E E N I
G M A O F H O U
R S F O R T H E
T R U L Y H I D
D E N S E E D T
H A T N O S O O
N E R P U L V E
R I Z E D W I L
L B E C O M E T
H E B R E A D O
F T H O S E W H
O E A T N O T T
O P E R I S H

TO SENSE

THAT THE

EYE IN FA

CT NEVER

CHOOSES

ANYTHIN

G

T O W A T C H

C E A S E L E

S S L Y F O R

T H E M U R M

U R O F W I S

H E S S T I L

L S L E E P I

N G I N W E L

L S

TO CONTINUE

TIRELESSLY

TO TURN OVER

THE INVISIB

LE FIELD

T O O P E N
W H E N T H
E L E A S T
F L U T T E
R O F W I N
G S R A P S
A T T H E W
I N D O W E
V E N I F

```
T O A D V A N C E
S L O W L Y T O A
L S O G R A S P T
  H E L I G H T
```

TO IMAGINE

A WHOLE DAY

WITHOUT A S

INGLE PALE

STAIN

T O P R E D I C T

O N C E A G A I N

T H A T C E R T A

I N S O U L S A R

E N A T U R A L L

Y A B S T R A C T

T O R E M I N D

O N E S E L F T

H A T S O M E T

I M E S O N E W

H I S T L E S T

H E R I G H T T

U N E A N D T H

E N Q U I C K L

Y A L L S T A R

T S A G A I N

T O A D M I T

T H A T W E A

R E O F T E N

N O T H I N G

B U T O U R O

W N P R E Y

```
T O A T T E M P T
A L S O T O M A K
E I L L N E S S I
    L L
```

T O T R Y

F R O M T

I M E T O

T I M E T

O E M P T

Y T H E S

K U L L D

O W N T O

T H E C E

L L A R

T O P R E F E R
A L W A Y S T H
E S U G G E S T
E D C L A R I T
Y

```
T O A N S W E R
R A T H E R A T
N I G H T T O T
H E O B S C U R
I T Y O F T H E
Q U E S T I O N
```

.

T O L O V E

T H E S P I

R A L S T H

A T T H E E

N T I R E B

O D Y O F M

I N D D R A

W S W H I L

E D A N C I

N G

T O W O N D E R
W H Y B R O K E
N G L A S S E S
A R E E V E N M
O R E T R A N S
P A R E N T

T O T A K E

T H E E Y E

S I F N E C

E S S A R Y

F O R L O O

P H O L E S

T O D E S E R T

E N D L E S S L

Y T H E R O O M

S O F N O S T A

L G I A

```
T O S I N G

O B S T I N

A T E L Y T

H E T A L E

O F T H O S

E I M P E R

F E C T G E

S T U R E S

W H I C H N

E V E R T H

E L E S S W

I L L H A V

E T R A C K

E D D O W N

N O T H I N

G B U T G R

    A C E
```

TO AVOID
ANNOUNC
INGEVER
YMORNIN
GTHEDEA
THOFTHE
MOONWIT
HOUTTRU
LYKNOWI
NG

```
T O O F F E R
T H E S L I G
H T E S T W O
R D T O T H E
B O T T O M L
E S S P I T O
F T H E M U T
      E
```

T O P L A Y
A L W A Y S
W H I L E W
A L K I N G
T O W A R D
S T H E G A
P I N G H O
L E

```
T O T H I N K
T H A T A L L
T H A T M A T
T E R S A N D
R A I N A R E
B E Y O N D A
N Y I N V E N
    T I O N
```

TO STOP
WEAVIN
G THESE
PARATI
NG THRE
ADS

T O D I G

T O C R O

S S T H E

L A Y E R

S T O D I

S C O V E

R T H E B

L A C K P

E A R L W

H I C H W

H I S P E

R S T H A

T A L M O

S T A L L

B E T W E

E N M E N

I S P U R

E V I O L

E N C E

T O S M O T H E R
T H E C O L D F I
R E O F T H I S F
E A R S T I L L I
N S I D E U S W H
I C H B U R N S W
I T H O U T L I G
H T I N G U P A N
Y T H I N G

T O N O T I C E

T H A T S P E E

C H T H O U G H

S O M E T I M E

S T U R N I N G

O N I T S E L F

C O N S T A N T

L Y N O U R I S

H E S

```
T  O  K  E  E  P
A  N  E  Y  E  O
N  C  O  A  L  —
C  O  L  O  R  E
D  T  H  O  U  G
H  T  S  R  O  U
G  H  L  Y  T  H
E  S  I  Z  E  O
F  A  D  O  G  W
H  I  C  H  P  R
   O  W  L
```

T O A C C E P T
O F T E N R U N
N I N G A G R O
U N D O N B E A
C H E S T H O U
G H T H E Y B E
A L M O S T P E
R F E C T

70

TO REFRAIN
FROM PREDI
CTING THE P
AST

T O D R I V E

L A N G U A G

E R E L E N T

L E S S L Y T

O G L I S T E

N L I K E A R

I V E R

T O K N O W

T H A T C L

O S E D D O

O R S C A N

N E V E R P

R E V E N T

J O U R N E

Y S

TO CONCEIVE
OF EVEN THE I
NNOCENCE OF
DESTINY

TOREFUSE

MOVINGFO

RWARDONL

YTOREMEM

BER

TO UNDERSTAND
THAT THE ROOT A
ND THE FLOWER O
F WHAT WE SEARC
H FOR ARE COMPL
ETELY IMPERSO
NAL

TO DESCRIBE

AT LEAST THE

MIND AS THE S

E A

T O S A Y

Y E S O R

N O T O T

H E L U R

E O F T H

E W O R L

D S A M E

L U R E

T O L I S T E N

W I T H O U T E

V E R C O U N T

I N G T H E B R

E A T H O F T I

M E I N O U R T

E M P L E S

T O S M A S H

T H E W O R D

S E A C H T I

M E O N T H E

W A T E R Y B

R I C K O F S

I L E N C E

T O P R E S E R V E

T O T H E E N D T H

E S E C R E T P A R

C E L O F F E E L I

N G

THE AUTHOR WOULD LIKE TO THANK FOR
THEIR PRESENCE, HELP, AND SUPPORT:
JEN BERVIN, JEFF CLARK, GENTLE GIANT,
LAWRENCE RINDER, MICHAEL TWEED,
GEORGE WEN, BILL BERKSON, HUDSON, ANNE
BRODSKY, AND THE MASKED TRANSLATORS.

THANK YOU TO THE FOLLOWING PUBLICATIONS
AND EDITORS WHO ORIGINALLY PUBLISHED
SOME OF THESE WORKS: *WORKS AND CONVERSATIONS*,
VANITAS: 4 (TRANSLATION), AND UNTITLED
PUBLICATION, NO. I BY FEATURE, INC.

FRANCK ANDRÉ JAMME HAS PUBLISHED FIFTEEN
BOOKS OF POEMS AND FRAGMENTS SINCE 1981,
AS WELL AS NUMEROUS ILLUSTRATED BOOKS.
HE HAS BEEN PRAISED BY EDMOND JABÈS,
HENRI MICHAUX, AND RENÉ CHAR AND
TRANSLATED BY JOHN ASHBERY. HE IS ALSO
A SPECIALIST AND CURATOR OF CONTEMPORARY
INDIAN TANTRIC, BRUT, AND TRIBAL ARTS.
HE LIVES IN PARIS AND BURGUNDY.

CHARLES BORKHUIS IS A POET, PLAYWRIGHT,
SCREENWRITER, ESSAYIST, AND PROFESSOR
OF ENGLISH AT TOURO COLLEGE. HE LIVES
IN NEW YORK CITY. IN ADDITION TO HIS
TEN VOLUMES OF POETRY AND PLAYS, BORKHUIS
HAS TRANSLATED THE RUSSIAN POET VYACHESLAV
KURITSYN AND THE CHINESE POET MOFEI.